Contenido

Conejos

Los conejos tienen el pelo suave. Son de color café o gris. También pueden ser blancos o negros.

Conejos

Julie Murray

ANIMALES COMUNES

Abdo Kids

abdopublishing.com

Published by Abdo Kids, a division of ABDO, PO Box 398166, Minneapolis, Minnesota 55439.
Copyright © 2017 by Abdo Consulting Group, Inc. International copyrights reserved in all countries.
No part of this book may be reproduced in any form without written permission from the publisher.

Printed in the United States of America, North Mankato, Minnesota.

102016
012017

 THIS BOOK CONTAINS
RECYCLED MATERIALS

Spanish Translator: Maria Puchol

Photo Credits: iStock, Shutterstock

Production Contributors: Teddy Borth, Jennie Forsberg, Grace Hansen

Design Contributors: Candice Keimig, Dorothy Toth

Publisher's Cataloging-in-Publication Data

Names: Murray, Julie, author.

Title: Conejos / by Julie Murray.

Other titles: Rabbits. Spanish

Description: Minneapolis, MN : Abdo Kids, 2017. | Series: Animales comunes |
    Includes bibliographical references and index.

Identifiers: LCCN 2016947305 | ISBN 9781624026034 (lib. bdg.) |
    ISBN 9781624028274 (ebook)

Subjects: LCSH: Rabbits--Juvenile literature. | Spanish language materials--
    Juvenile literature.

Classification: DDC 599.32--dc23

LC record available at http://lccn.loc.gov/2016947305

Los conejos tienen las orejas grandes. Tienen la cola peluda.

Los conejos no caminan.

¡Saltan!

9

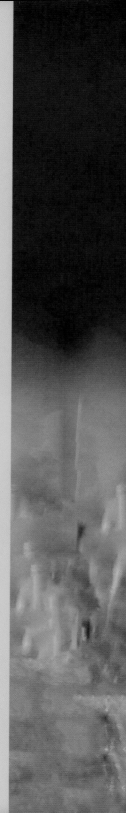

Sus patas traseras son largas.

Las usan para saltar.

Los conejos viven en campos y en bosques. También viven en desiertos y en la ciudad.

La mayoría de los conejos cava túneles. Algunos hacen nidos en zonas con hierba.

Los conejos comen hojas y tréboles. También les gustan las bayas y la corteza de los árboles.

Los conejos son rápidos.
¡Algunos pueden correr hasta a
20 millas por hora (32 km/h)!

¿Has visto alguna vez
un conejo?

Características de los conejos

cola

patas

orejas

pelo

Glosario

trébol
planta herbácea que normalmente
tiene pequeñas flores redondeadas
y hojas con tres lóbulos.

túnel
hueco alargado que algunos
animales cavan en el suelo
para vivir.

Índice

abdokids.com

¡Usa este código para entrar en abdokids.com y tener acceso a juegos, arte, videos y mucho más!

Código Abdo Kids:
ERK1163